꽃무릇 손편지

이건호 제3시집

꽃무릇 손편지

일러두기

본문에 사용한 '>'표시는 연과 연 사이의 '빈 줄'을 나타냅니다.

| 서시 |

꽃무릇 손편지

고창 선운사 경내
꽃무릇 송이송이 곱기도 하다
단심 결기 채워 담은 꽃

가을바람 옷깃 차가운데
목탁 소리 풍경 소리 귓바퀴 맴돌면
사랑의 흔적 가슴 아파라

영원한 내 사랑 그 임은
남몰래 소리 없이 부서진 사랑
사랑의 조각들 떠돌다 스러지는 날

붉디붉은 꽃무릇
탱화 입히는 단심으로 사랑한 임
불타는 사랑 꽃무릇 되리

| 목차 |

서시 · 5

제1부 창 넓은 창가에서

물레방아 · 13
자목련 사랑 · 14
비둘기 · 15
사철 바람 · 16
무영탑 엘레지 · 17
성북골 연가 · 18
창 넓은 창가에서 · 19
산벚꽃 연정 · 20
공평한 세월이여 · 21
공주가 사랑한 바보온달 · 22
참회慚悔의 서書 · 23
사미니 사랑 · 24
신원사 엘레지 · 25
민족 신앙 계룡산 도량 · 26
가을 연가 · 27
쥐불놀이의 추억 · 28
남산리 접신 엄니 · 29
세상 꽃 중 으뜸 꽃 · 30
운전면허증 · 31

제2부 내 삶의 오후

내 마음 • 35
어느 시인의 고백 • 36
둥구나무 • 37
3대 독자 • 38
내 삶의 오후 • 40
최고의 밥상 • 41
응급실은 통화 중 • 42
추석 전야 • 43
텅장이 통장 • 44
미완성 • 45
세월 • 46
아라 향기 • 47
아련한 등굣길 • 48
수통골에서 • 49
어르신 카드 • 50
양심 불량 판매 시장 • 51
날지 못하는 새 한 마리 • 52
외로운 물새 한 마리 • 53
눈물 • 54

제3부 별에 길을 묻다

인생과 팽이 • 57
어느 해 여름 • 58
무정한 세월 • 59
거꾸로 매달려 살아도 • 60
육체의 반란 • 61
허풍 • 62
습설 날리던 날 • 63
포차에서 생긴 일 • 64
세월을 못 보는 눈 • 65
채석강의 추억 • 66
간월도 • 67
문풍지 울던 밤 • 68
별에 길을 묻다 • 69
회전목마 • 70
속정 • 71
한세상 • 72
그녀 • 73
석별 • 74
허상 • 75
제 눈의 안경 • 76

제4부 한 번쯤 보고픈 사람

신라 멸망 역사 기행(1) • 79
신라 멸망 역사 기행(2) • 80
신라 멸망 역사 기행(3) • 81
신라 멸망 역사 기행(4) • 82
어떤 작가를 생각하며 • 83
문장대 산상 결기 • 84
한 번쯤 보고픈 사람 • 85
팔불출은 진행 중 • 86
세월의 플랫폼 • 87
하늘이 화났나? • 88
삶의 속도 • 89
달무리 • 90
가을 추억 • 91
철새만도 못한 사랑 • 92
능수버들 • 93
살구꽃 피면 • 94
식장산 상봉에서 • 95
뜬구름 인생 • 96
무창포 가을 향기 • 97
'찹쌀떡 사려'의 추억 • 98

꽃무릇 손편지

제1부

창 넓은 창가에서

물레방아

또렷한 추억 속
도랑물길 위 걷던 물레방아
가슴속 옹이 된 점 하나

돌면 돌수록 멀어진
가늘던 도랑물길 낙차 소리
삶의 눈물 도랑 따라가고

한세월 오늘도 돌아가는 물레방아
허공 누비다 닳고 닳아 사라져갈
도랑물 낙차에 스치는 물방울 흔적

자목련 사랑

수줍어 망설이다가
봄 가는 플랫폼 마지막 사랑

예쁜 꽃 피워
짙은 향기로 봄소식 주는 전령
실개천 언덕 홀로선 자목련 꽃나무

사랑은 미완성
앙상한 가지에 매달린 꽃봉오리
보랏빛 사랑을 품다

햇빛 같은 사랑으로
밝고 환한 꽃길만 가던 고운 꽃
그 꽃 사위면 잎 돋는 자목련 사랑

비둘기

석양 노을쯤
길게 가로누운 긴 그림자 내려진
텅 빈 거리 벤치가 더욱 외롭다

어느 여름날 허기진 오후
홀로 허공 날던 비둘기 한 마리
지친 듯 종종걸음이 애처롭다

그늘진 벤치에서
세월 저편 넘겨보다 앞을 보니
구구구 슬픈 합창 비둘기

사람 마음 비웃듯 하늘로 간 비둘기

사철 바람

양지쪽 언덕배기
속살 헤집고 새순이 돋듯

꽃바람 스치다 눈물만 그렁그렁
올 때도 갈 때도 말이 없구나

콧잔등 넘나들던 꽃샘바람
후덥지근한 세월 가면 갈수록 공허한
마음속 추억 물드네

하늘엔 고운 새털구름
한바탕 어우러진 갈대꽃 지면
스산한 바람 정녕 서럽다

통유리 창 때리는
세찬 바람 생각 넘어 전설이 되고
바람 불어 영겁의 문 닫나

무영탑 엘레지

어두운 창공 넘어
바람에 실려 온 그리움 하나
가슴속 새겨진 회색 눈물

천년을 견지한 천년화 한 송이
밤하늘 별 중 하나가
평생을 지우고 또 지워도

끝끝내 못다 지운 토함산 기슭
물들였던 보랏빛 사랑

긴 세월 묻어난 석가탑 그늘 아래
아직도 머무는 아사달과 아사녀 사랑
통곡 속 밤 깊은 무영탑 엘레지

성북골 연가

윤슬 거리 반짝이는 은빛 물결
햇살 아래 성북골 생명수 맑기도 하다
삶의 이정표로 세상을 밝히고 있다

황금빛 석양 노을
반짝이는 수면 위 노니는 물새는
흰 구름 조각구름 품은 수채화 한 폭

기억 속 추억은 수면 위 맴도는데
수면 즈려밟고 오는 구름 낯익다
흘러간 세월이 정녕 낯설다

창 넓은 창가에서

별빛으로 구운 습설
하얀 벚꽃 이파리 바람에 날리듯
달빛 구름에 춤추며 스러진다

고운 옛 기억들
화선지에 서리고 수놓는 모습
창 넘어 달빛 타고 내려오네

수정 같은 영혼의 창
창문 넘어온 보랏빛 사랑의 꿈

추억 너머 저편
오롯이 새기고 향기 되어 파고드는
한 폭 화선지에 담을까

사랑과 이별의 아픔이
기억 너머 저편
더 멀어진 긴 세월

산벚꽃 연정

세월에 끌려온 석양 놀 즈음
산마루 가로지른 긴 그림자 사이로
산벚꽃 송이송이 곱기도 하다

가는 봄 아쉬운 듯
홀로 지는 산벚꽃 이파리
이별의 춤사위로 비틀비틀

산벚꽃 그늘 아래
그리움 한 잔에 취하는 봄날
허공에 그리움 품고 산벚꽃 간다

공평한 세월이여

세월 말없이 가고
바람 따라 구름 타고 오네
또 오는 저 세월아

무정한 저 세월
호올로 삶과 죽음 법칙 정한
절대자 무법의 사기꾼
속절없는 세월아

영웅호걸 민초 빈부 누구든
공평한 집행 말할 수 있다
공평한 세월이여

공주가 사랑한 바보온달

아가 아가 울지 마라 네가 울면
바보온달에게 시집보낸다
평강공주 어릴 적 믿음으로

바보온달님 가슴에 품고
삶을 개척한 의지의 평강공주님
궁궐 나와 찾아간 산골 오두막집
공주의 운명적 사랑

바보라 놀림 받던 온달에게 학문과
무예 가르쳐 영웅 만든 공주

한강 유역 침입한 신라군 토벌 때
영토 못 찾으면 살아오지 않겠다는 출사표
싸늘한 주검 산하도 서러워 울었다

안개구름 산성 감싼 석별의 빗방울
온달산성 휘감는 남한강 통곡 소리
공주와 온달장군 슬픈 사랑 전설이 되었다

참회懺悔의 서書

섣달그믐 긴긴밤
적막 속 홀로 재깍재깍 가는 벽시계
고요 속 잠 못 이룬 하얀 밤

삶을 팽개쳐 지나간 그 세월
꿈에 살다 이젠 추억에 살려니 후회뿐
문득문득 떠오르는 생각에 눈물로
사죄합니다. 잘못했어요, 아버지 어머니
심중 파고드는 후회가 저를 울립니다

밤 되면 온 방 스미는 불효했던 기운이
저를 에워싸 이제야 겨우 깨닫습니다
아버지 어머니
이 밤도 전 울며 용서를 빕니다

보고 싶은 우리 아버지
어머니, 어머니 우리 어머니
꿈에라도 보고픈 우리 어머니
꿈에라도 보고 싶은 우리 아버지

사미니 사랑

닭벼슬 쓰고 앉은 계룡산

사랑의 열병 달래며
오르던 천년 고찰 동학사

상처 난 가슴 안고 멍에 짊어진
승가대학 사미니 그녀
사랑해선 안 될 사람 사랑한 죄

백설 휘날려 쌓인 어느 날
소복이 쌓인 눈길 위 발자국 남기고
홀로 산 오르고 또 오른 사미니 그녀

애타는 가슴 헤집어 사랑 씨 심고
다시 피는 상사화 꽃이고 싶다
채우고 또 채워도
타는 목마름 사랑의 여백

신원사 엘레지

천년 사찰 신원사는
보덕스님 창건한 민속 신앙의 요람
국운 융성 제 올리던 사찰로

가을 햅쌀밥 한강에 뿌리면
늦가을 한강에서 한강 물 먹은 밥알
강물인가 눈물인가 눈물겨운 삶에
희망 심어준 나라였다 말할 수 있나

계룡산 천황봉 연천봉 관음봉
못 넘는 저 하늘의 흰 구름 참 곱다
희미한 반달 기우는 밤

4계절 윤회하는 분홍빛 철쭉
붉은 비단 배롱나무
적막 깨고 경내 퍼지는 범종 소리
메아리로 퍼지는 법고 범종 소리 빌려
애끓는 능소화 사랑이 통곡하는 신원사

민족 신앙 계룡산 도량

웅혼한 서기 드리운
계룡산 천황봉 남쪽 끝자락
머무는 도량 산신령 제실

나라 위기 신탁하면 가르침 준 신원사
국보급 소림원 석고미륵여래입상
석양 노을빛 곱고 아름다운 신들의 도량
신원사 주변 즐비한 고목들 산신령 도량답다

설국처럼 흰 눈 내린 신원사 경외롭다
신비한 풍경에서 산제 올리는 중악단
봄바람 스치며 단잠 깨우나

구름 타고 멀리 간 천년 세월 간 곳 모르고
황 촛불 삶의 단심 태우고 또 태워도
전설만 남아 인생 백년 삶이 부평초 같다

가을 연가

붓끝은 백두대간 누벼
무지개 색깔 찾아 찍고
대자연 색칠하는 색칠 마술사

둥근달 비치니 곱고 고운 풍광
갈바람에 춤추는 단풍 미인들
색칠한 한 폭 수채화

바람 불어 지는 낙엽 따라
긴 여운 남긴 채 스치듯 가는
가을 타는 사람아

낙엽과 함께
홀로 떠나는 추억 여행
가을이면 앓는 병

쥐불놀이의 추억

상념 헤집어
고랑 깊은 얼굴 위로 겹쳐진
미소 머금은 풋사과 연정

오롯이 떠오르는 흐린 별빛 헤며
소녀 모습 찾아 하늘을 난다
쥐불 열기 젖어
촉촉한 분홍빛 얼굴

밤하늘 열던 그 보름달
빈 깡통 불씨 담아 빙빙 돌리던 불싸움
추억 속 대보름날 밤 만났던 소녀

사랑씨 심고 서울 간 그 직녀
다시 오지 않고 정월 대보름달 또 떠도
쥐불놀이 고운 추억 속 보름달
올해 또다시 뜨는데

남산리 접신 엄니

삼국지 등장하던
관운장 모시는 접신 엄니

접신 신당엔 항상 인산인해로
속 터지고 답답한 주민 집합소
접신 엄니 말씀 곧 법이라

한 말씀 한 말씀 새겨듣고
애정운 잘 맞추는 행복한 도량
인생사 부적 한 장에 만사형통

접신 엄니와 인연 맺고 혼인한
선남선녀 사랑과 길흉화복 맘대로 한
전지전능한 선지자 지금은 어디에
돌아보면 부질없는 일

세상 꽃 중 으뜸 꽃

봄에는 샛노란 봄꽃
여름이면 새하얀 목련꽃

연분홍 물결 몰아치는 코스모스
삶의 석양빛 물드는 하얀 국화꽃

이름 모를 야생화 더욱 곱다
빛 고운 자태로 유혹하는 꽃향기

태초에 하늘 문 열고 빛과 향기 베풀던 꽃
세상 꽃 중 으뜸 꽃
아기 웃음꽃

운전면허증

반백 년 긴 세월
내 영혼과 육신처럼 함께 살아온
민들레꽃 닮은 운전면허증

가슴에 품고 함께한
긴 세월 짧은 이별 재촉하는 교통카드
이별 재촉하는 교통카드 무정함이여

영영 다시 못 만날
차마 못할 서러운 이별의 시간
다가오는데 안타깝고 서럽다

뇌리에 자리한 흘러간 세월
말없이 헤어진 내 운전면허증

꽃무릇 손편지 ——————————————————

제2부

내 삶의 오후

내 마음

새로운 시작
오늘도 버스 타기 연습하지만
두렵고 낯선 새 세상

타고 내리기 연습 중
만원 버스 서서 승객 모습 보면
좌석 지키려 핸드폰 빛난다

버스 안 풍경이 새롭다
핸드폰과 눈싸움하듯 노려본다
버스 안, 여기는 날마다 전쟁 중

어쩌다 좌석 내주는 승객
감사하고 미안한 내 마음
가버린 아쉬운 내 세월

어느 시인의 고백

이따금 전화로
곡차 한잔하자던 시인

위령제를 지내고 싶단다
시골에서 함께 살았고 맹종하던
셰퍼드 해피를 위한 위령제

내년 석가모니 오신 날
회한만 안겨주고 간 해피를 위하여
위령제 한번 지내고 싶단다

사월 초파일
저녁놀 빛 고운 용화사
대웅전 앞쪽 연등 하나로

몇십 년 마음속
깊은 곳에 자리 잡은 연민의 정
연등 빛 비추어 죄 용서받으리

둥구나무

저녁놀 물드는 즈음
골목길 지나 홀로선 동구 밖 수호신
삶의 무거운 등짐 홀로 짊어진 채

그리움 한가득 기억한 채
기다리며 몇백 년 베푼 과묵하고
믿음직한 우리 동네 둥구나무

태양빛 막아 그늘 주는
돗자리 깔고 매미 소리 자장가로 꿈꾸는
낮잠 한숨 행복한 농심이여

산과 들 달려오는 시원한 바람
가지마다 실바람 스쳐 가는 이파리 춤추는
고마운 우리 동네 오백 살 둥구나무

하늘 문 밝히는 달빛 별빛 쏟아지는 밤
뿌리에 걸터앉아 사랑꽃 피우던
동구 밖 둥구나무 그립다

3대 독자

여름 끝자락
내 삶은 송두리째 정전의 순간
멈추고 말았다

금쪽같은 남매가
2층 침대 위에서 놀다 3대 독자
우리 손주가 추락했다

119 타고 실려 간 그날
심정적 나도 떨어져 지구 저편으로
사정없이 추락했다

가슴 태우며 몇 날 몇 밤을
애타게 지새운 밤, 밤들

9월이 오는 소리 귓바퀴 맴돌 때
우리 손자 퇴원 소식 들려왔다
〉

할아버지 핫초코 먹고 싶어요
얼마나 고맙고 기특하든지 목이 메어
답을 못했다

딴 모습 된 삼대독자
맞잡은 두 손
퇴원한 모습이 정녕 낯설다

내 삶의 오후

찜통 무더위는
아직도 멈출 줄 모르고

내뿜는 태양의 오만함에
계룡산 기슭 계곡물도 졸아버렸다

하늘로 치솟는 열기
산기슭 드리우면 산그림자 따라
울리는 산사의 풍경 소리

바람 타고 찾아오는
어제도 오늘도 그리고 내일도
아롱진 삶의 자화상

문득 남해 바다 해수면
즈려밟던 어느 날 용오름은
은하강 여울을 담고 싶다

최고의 밥상

지구가 태어나
행성이 되고

천지가 개벽하던 날부터
시작된 운명처럼
살고 이어온 세월

장한 일 했다고
상 받은 날이 몇 날이던가

이제서야 눈물로
받아보고 싶은 상 엄마가
차려주는 울 엄마 밥상

응급실은 통화 중

어느 토요일 오후
땀으로 범벅된 육신과
유체 이탈한 영혼 찾아 방황하다

찰나에 무너진
놓아버린 육체로 선혈에 물들다
응급실을 뺑뺑이 돌며

난생처음으로 야속한 응급실
처사를 용서할 수 없음에
의료 대란을 용서할 수 없었다

절망과 애절함으로
속 태우던 순간을 어찌 잊을까
응급실은 통화 중

추석 전야

찾는 이 없는 저녁
창밖의 손님

휘영청 밝은 달님
오늘 비로소 떡방아 찧고 있는
토끼 두 마리 보이네

저만치 멀어져 간 젊은 추억은
눈물만 그렁그렁 안개꽃 피우고

한참 흘러온 세월
멀어져 간 추억의 길고 긴 흔적
뜬구름 한 조각 되어 사라져 간다

텅장이 통장

추석 전야 내 통장은
배부른 포만감 얼마 만인가

놀라워한다
잠시 머물다 떠나갈 순간

그래도 허접한 기쁨 반
텅 빈 슬픔 반

잔고 허탈한 텅장이
배부른 통장이 되다

미완성

붓끝은 인연을 화선지에
옮기고 또 심었던 사랑씨 키워
예쁜 꽃봉오리 만들고

몽글몽글 이글이글
정열의 장미꽃은 폭풍의 언덕에서
날아가 버렸나

잊으려 잊으려 결코 못 잊는
사랑의 여백을 곡차로 메워온
허무한 사랑의 대가

속절없이 흘러간 반반 세기
사랑씨 눈 안에 들어온 놀라움에
식을 줄 모르는 그리움

전설 속 사랑 이야기
지우면 지울수록 새로운 추억이
미처 못다 그린 화선지 위 붓끝

세월

또 한해 그냥 가네
제야의 종소리 따라간 세월
항상 뒷모습만 보여준 너

내 육신 유효기간 줄여놓고
해 짧은 석양 긴 그림자
돌담장 넘어 가로누운 긴 그림자

옷깃 스치는 바람 불어 슬픈 날
꿈 찾아 사위던 젊은 날 추억

말 없는 거울 속 낯선 초상
시계 세월 닮았소

아라 향기

천하를 품어 안고
은빛 수면 아래 또 다른 세상
삼키고도 침묵하는 아라여

오늘도 잔잔한 마음
여명에 피어오른 물안개 넘어
수평선 줄 타는 하얀 뭉게구름
갈매기 군무 아름답다

저녁놀 불타는 사랑의 메신저
떠나간 내 삶의 여린 흔적

은빛 수면 스쳐온
비릿한 바다 향기 코끝에 머문다

아련한 등굣길

사라진 병설중 추억 속
까까머리 검정 교복 검정 교모
걷다 뛰다 내달리던 기억

선화동 법원 관사 지나
오르내렸던 언덕길 저편 교문
꿈을 싹틔웠던 삶의 봄날

희망의 태양 밝아오면
아침밥 못 먹어도 달려가던
교육 요람 병설중학교

형들과 예쁜 누나들 소곤소곤
동급생들의 치열한 노력 열기
못 피운 백합꽃 한 송이 아쉽다

수통골에서

계곡 흐르다 멈춰선
맑고 맑은 작은 손거울 하나

하늘과 목화 구름 바람 숲까지
작은 손거울 속으로 내려앉아

천왕봉 넘어오는 바람 구름 쉬고
태양빛 열기도 식는 계곡

계곡물조차 쉬어가는
물 끓는 열기도 지친 듯 흐른다

산그늘 가려진 법고와 풍경 소리
저 홀로 지쳐 산천을 울린다

어르신 카드

승차할 때 태그
고맙습니다

젊은이가 앉아 있다 일어나
좌석을 내준다
고맙고 또 고맙고 미안한 마음

방탄 핸드폰 믿고
앉은자리 지키는 젊은이 보면
섭섭하고 울적한 마음

주머니 속에서
교통카드 만지작만지작
너를 잊지 않을게

어르신 카드
슬프고도 고맙습니다

양심 불량 판매 시장

낡은 육신은
어둠 속 별빛에 젖어
아득한 세월 저만치 떠가고

낡은 심장은
바쁘게 뛰는데
석양 노을빛 이별 맴도네

거울 속 낯선 모습에
나도 놀라고 너도 놀라는
젖은 눈동자 서럽다

택시 먼 길 찾아 돌아가 세우고
허락 없이 남의 사무실에서 자고 가는
양심 팽개친 불량 양심의 맑은 창

간데없고 안개 낀 눈동자 속
양심 불량 판매 시장 지금 성업 중
어차피 가야 할 나그네 길손 아닌가

날지 못하는 새 한 마리

가로수 옆 무성한 풀숲
추락해 날지도 걷지도 못하는 새 한 마리
불볕더위 속 눈동자 애절하다

이제 세상 떠나려나
흰 구름 쉬어가는 높고 맑은 하늘
저녁놀 익으면 떠나갈 한 세상

하늘로 날아야 할 저 새는
무슨 사연 있어 웅크리고 있을까
멈춰서 잠시 생각에 젖는 오후
가엾은 새 한 마리 눈빛은

외로운 물새 한 마리

옥녀봉 산기슭
용소천 가르던 실개천

물새 한 쌍이
날갯짓 하나로 다짐한 사랑

창 넓은 카페에서
짙은 커피 향에 취한 채
용소천 수면 밟던 물새 한 쌍

사랑 얘기 곱기도 했는데
어느 가을날
어이해 물새 한 마리 홀로 나는가

홀로된 사연
가출했나, 헤어질 결심 했나
홀로 외로운 물새 한 마리

눈물

눈에 들어온
첫사랑이 가슴속 한가운데
빨간 석류알 사리로 산다

초록 물결 타고 오려나
아련한 그리움 솟구치는데
눈물이 내 눈 또 적시네

허공에 새겨놓은
사랑의 편린들
추억으로 가는 행복한 시간

애타는 그리움만 한가득
배어나는 눈물

제3부

별에 길을 묻다

인생과 팽이

닥나무 껍질로
만든 팽이채로 때리고 때려야
살아나는 팽이, 너

아득한 추억 저편
가슴이 먼저 기억하는
사랑의 팽이치기

팽이와 팽이채 쥐고
동네 공터에 모여 팽이 싸움
추억이 스멀스멀

땀 흘려 내려치면
곧바로 서서 돌고 도는 팽이
맞지 않으면 살 수 없는 팽이 일생

울다가 웃다가 넘어지면
다시 일어나고 또 넘어져도 맞으면
돌고 또 맞으면 도는 팽이처럼

삶도 울다 웃다 넘어지면
채 맞고 일어나는 팽이처럼 사람도
고난을 겪어야 값진 인생

어느 해 여름

폭염도 열대야도
비켜 못 간 흔적으로 새겨진 꽃
바로 상사화 꽃봉오리 피우고

꽃 이파리 너울져 날면
다시 피는 용오름 하늘색 빛바랜
하얀 구름 더욱 서러워

골 깊은 추억 지친 수목에
오늘도 껌딱지 된 매미 목쉰 소리
외치고 외치는 처량한 매미 소리

아직도 버티며 외친다
문득 지치고 지쳐가는 매미 소리
길고 긴 내 삶의 여운 아닐까

무정한 세월

열대야 살다 살다
이런 날도 평지풍파 몰고 오는 세월
오는 추석 막지 못하고

여름 먼발치 가을은
기어이 아침저녁 살랑바람 실어와
바람 불어 좋은 날 흩날리리라

앞으로 갈 줄만 아는 세월아
세상만사 주관하는 무정한 세월아
마음 둘 곳 모르는 세월의 승객

세상은 가을 향 취하여
단풍 옷 받쳐 입고 춤추는 단풍 미인
금빛 내려앉은 향에 취한 술꾼

거꾸로 매달려 살아도

갑진년 대미
입동 날 실개천변 옆
창이 큰 카페에서

창 넘어 가로수 잎사귀
바람에 시달리다 가을옷 입고
거꾸로 매달린 잎사귀 서럽다

입동 바람 낙엽 데려가니
앙상한 나뭇가지 사이 봄 부르고
북풍 몰아치고 귓바퀴 꽁꽁

모두 함께 스쳐 가고
지나가니 이제 노랑 봄꽃 망울지는
새 세상 봄은 하늘 문 열겠지

육체의 반란

앉고 서고 뛰고 달리고
정신과 육체가 항상 함께하던
수많은 날이

저 먼 시간 속을 날고 달리던
내 삶의 시간과 함께해 왔건만
지금 내 육신은 영혼이 육신에 명령해도

영혼은 지시해도 허공 속
앉거나 서지도 눕지도 달리지도 못하니
아무리 달려본들 그냥 제자리

내 육신에 명령한들
육신은 못 들은 척 그냥 그대로
육체의 반란을 막을 수 있을까

허풍

언제였던가
서울시장 선거 끝날 때까지
먹고, 먹고 또 먹었던

생태탕 이야기
동해안 명태가 왜 정치판에
목계가 생각난다

어이없는 명태의 반란
명태가 목계를 배우고 왔나
헛바람 한소리 꺼지는 불꽃

아무려면 이럴 수 있나
못난 송아지 엉덩이에 뿔 났나
그래도 혼자 잘났다

습설 날리던 날

온통 흩날리는
백설기 하얀 화선지 한 장
산하는 한 장의 산수화

소복이 열리는 하얀 꽃
추억 강 건너 저편 활짝 핀 백설기
하얀 꽃송이 송이송이 주렁주렁

108 번뇌 헤어나지 못하고
해 지는 서산마루 엷고 옅은 석양빛 따라
오늘도 노을 속으로 여울져 간다

포차에서 생긴 일

대통령 탄핵 의결 후
막걸리 안 팔리는 포장마차

야시장 사랑방 포차엔
민초들 주점 포차의 저녁 풍경

저녁 허기진 뱃속에
막걸리 한두 잔 들이켜곤
안주로 대통령 씹는

갑론을박 티격태격
술 마시는 주당 의원총회 포차엔
여야 술꾼들 풍경이 가관이로다

막걸리 반탄 목소리 작아지고
찬탄 막걸리 소리 왜 커지고 있는가
위협적 탄찬의 떼창 주당 의원

포장된 가면 벗고
닮은 듯 안 닮은 막걸리 영웅들 탄생
포차 주인 반쪽 매상 한숨 소리

세월을 못 보는 눈

만원 시내버스에서
보기 드문 좌석 양보한 30대 여승객
괜찮다 사양하니 뒤로 가버린 여인

좌석 양보한 그녀의 마음
그녀 마음 참 곱고 예쁘기도 하다
고맙고 감사한 마음으로

세월이 멈췄던 시간들
이제야 세월이 많이 지나간 오늘을
간과한 생각의 오류로 놀라는 오늘

날 버리고 저 홀로 간
세월의 무정함을 예전엔 왜 몰랐을까
세월에 속아 내 늙는 줄 몰랐구려

채석강의 추억

추억 안개 저편
눈물 비치는 아롱진 추억 속
채석강 한여름 추억

기억 너머 저편
해무 속 날고픈 옛사랑 그리워
그려 보다 눈물이 눈을 가렸네

화려한 젊음도 꿈도
솟구친 희망도 모두 부질없어라
사랑해요. 함께 해서 걷는 이길

간월도

하루 두 번 물때 따라
육지가 섬 되는 해안 섬
간월도의 변신 인생 닮았다

세상만사 부귀도 사랑도
이 모두 간월암 부처님의 뜻
다시 태어나는 간월암

작은 고깃배 지친 숨소리
산까치 소리 귓가에 맴돈다
지금도 꿈과 사랑 서해 풍경 눈에 밟힌다

달빛은 간월암 비추고
비릿한 바람은 파도 따라 흐르고
간월암 타는 만수향 인연 새롭다

문풍지 울던 밤

하루하루 깊어지는
밤하늘 별빛처럼 꽃피는 상사화
송이송이 찾아 떠나던

생각 틈새 헤집고 들어올
밤하늘 수놓은 별빛 같은 첫사랑
아련함이 울어대는 문풍지 소리

마음 틈새 사이사이로
몰아쳐 헤매는 별빛에 구운 이 밤
새록새록 솟는 옛일 사위어 간다

별에 길을 묻다

어둠이 내려 암흑이 오고
세상은 온통 비바람 연옥이더니
그래도 오고 가는 인연으로

세상은 존재하는가
바람 따라 강물 따라 흐르는 삶이
속절없고 부질없는 인생이라

오늘의 인연은 누구일까
내일은 어떤 인연이 옷깃 스칠까
인생은 스스로 왔다 가는 정거장

가고 또 가도 예견된 일일 뿐
이미 겪어온 내 삶의 초상 아닌가
하늘에서 반짝이는 내 별에 묻다

회전목마

하늘 땅 돌고 돌아
우리 사는 세상도 돌고 돌아
탈 때와 내릴 때 모르고 산다

세찬 북풍 몰아쳐도
가슴속 파고드는 고운 석양 놀
긴 그림자 밟으며 긴 한숨

절로 가는 세월 속 힘든 세상
거울 속 자리한 낯선 모습에 가슴 울리는
견디고 버텨온 회전목마 인생살이

속정

그리움 열기 스쳐간
하늘 품은 파도 그대로인데
아직도 새록새록 커가는 그리움

그리움 지우려다 아직 못 지운
기억 너머 저편 선명한 그리움만
바람에 실려 구름 위 새겨진

흔적만 보일 듯하다
언젠가 본 듯한 깊은 눈동자
주름진 얼굴 본 듯한 모습

가슴 정원 간직한 흔적
아직도 못 지운 속정이지만
세월에 무너진 모습 한가득

차마 못 잊어
눈물로 가는 세월
가로막아도 멈출 수 없네요

한세상

부질없는 생각으로 휘감겨
구름 되고 바람이더니
삶도 꿈도 한도 부질없어라

달빛 잠든 밤
별들 반짝반짝 소곤소곤
은하강 밝히는 등대 졸고 있는 밤

눈서리 젖어도 봄이 오는 소리
산마루 넘고 넘는 산사 풍경 소리는
귓바퀴 간지럽히는 메아리더니

남녘 바람 구름 타고
내 곁 떠나간 철새 기약 없지만
한과 꿈 남긴 채 새봄 오고 있었다

그녀

세월이 흐르고 흘러
한 번쯤 보고 싶은 그녀의 얼굴
아름다운 빈터 바람 불어도

허공에 미소 띤 그녀 모습
신비롭게 변하며 아~~ 탄성이 절로
곡류 하천 물돌이 물굽이 삶

우리 삶 자체가 곡류
태양 아래 눈 비비는 실바람 불어오면
물안개 노을 햇살에 빛나는 보배

그녀의 손짓
물안개 넘어 무지개다리
옛사랑 이어갈 징검다리 건너편
허공 맴도는 예쁜 미소 그립다

석별

흰 구름 한 점 찍고
춤추듯 지는 빨간 단풍잎
철새 삶을 찾아 날아간 뒤

색동저고리 단풍 미인 옷깃
여미는 여인의 고운 자태
가을바람 잎새는 떨고

땅거미 내려온 석양 놀 즈음
하늘은 내게 백발을 주고
거울 속 백발노인 정녕 낯설다

온통 세상은 윤회 속 숨바꼭질
낙엽 따라 깊이를 더하던 사색은
가슴 저미는 아쉬운 이별뿐

허상

초겨울 아침
찬바람 옷깃 속으로 파고드는 날
밝고 눈부신 햇살 속으로

낙엽은 바람에 휘날려
코끝 때리는 아침 바람 행여
추억 속 옛 그림자 그립다

창 너머로 아롱지는 그림자 하나
보일 듯 사라지는 옛 그리움
지금은 만나도 몰라볼 허상일 뿐

제 눈의 안경

살다 보면 늘 희비쌍곡선
시시각각 동행하는 그림자 너머 안경
세상 마음은 변덕쟁이 달고 쓰고

외모에 취하고 폭넓은 인정
따사로운 말씨 슬기로운 눈동자 판단은
내 마음의 안경 눈썰미

하루하루 부딪히며
돌아가는 세월 속 잘못된 만남 때문에
일어나는 희로애락 가슴 아프다

반백 년 함께 살아온
영원한 내 사랑 첫눈에 반한 당신을
가장 잘한 선택은 제 눈의 안경

제4부

한 번쯤 보고픈 사람

신라 멸망 역사 기행(1)

역사 창조를 위해선 투쟁이 상례다
투쟁 정도가 도를 넘지 않아야 한다
특히 도를 넘지 않는 조건부 투쟁이어야지

통일신라 멸망을 부추긴
정치 잡배는 적진 코앞에서 최악의 분열로
천년 사직 통일신라를 고려 왕건에 진상한
회한의 신라 경순왕은 역적이 아닌가?

경순왕의 비겁한 행위를 자자손손 전한다
나라를 고려에 진상하고도 경주로 귀향하지 못한 채
경기도 연천에 주거하도록 법으로 정했다

경순왕 사후 유택도 경기 연천으로 한정하고
신라왕들의 묘역 유택인 경주 귀환을 금지시켰다

신라 멸망 역사 기행(2)
― 내부 총질 일삼은 지도층 ―

나라를 멸망시키고
왕은 서라벌 호족으로 임명하고
분란 중신들 지방 호족으로 전락

나라 없는 설움 왜 몰랐을까
왕과 왕족 궤멸 설움과 슬픔 후회
개경 200리 멀리 연천 주거 한정

가정 파탄 지방 호족 전락한 왕
삼베옷 걸친 태자 태백산 입산한
비극을 어찌 상상하였으리오

사후 유택 경주 아닌 연천 한정
이 슬픔 분란 일으킨 자격 미달
시정잡배 같은 중신 탓 아닐까

신라 멸망 역사 기행(3)
- 결기 없는 심성의 경순왕과 태자 -

신라 멸망의 역사 경시한
내부 총질 천년 사직 멸망시킨
책임질 사람은 누구냐

신라 백성에게 묻는다
오롯이 왕과 분란 일으킨 중신들
경순왕과 중신들은 답하라

백성을 무시한 채 왕건에 진상한
경순왕 경주로 귀환하지 못하고 연천에 잠들다
마의태자는 태백산 입산 후 사라졌다

나라 잃은 민족은 존재할 수 없다
나라를 상납하고 멸망한 역사 시사점 크다
분란은 멸망이란 결과만 기록된다

신라 멸망 역사 기행(4)
- 무책임한 중신들의 애국심 고갈 -

나라를 못 지키고
백성을 저버린 경순왕과 중신들은
만고의 대역죄인 아닌가

나라를 진상한 경순왕은
고려국 서라벌 호족이 되었고
개경 남쪽 200리 떨어진 연천

경순왕은 끝내 경주로
가지 못하고 죽어 연천에 묻혔다
나라는 궤멸하고 태자는 삼베옷 걸치고

마의태자 태백산 입산 후
하산하지 않았고 왕실의 파탄은
부족한 중신들의 책임 아닌가

어떤 작가를 생각하며

가로수 긴 그림자 사이로
오고 가는 나그네 만나고 헤어지고
죽고 사는 게 인생 아닌가

세월에 밀리고 밀리다
우리의 이별도 가까이 왔을 때
생사 가치도 체념했으리라

정담도 미움도
함께 나누고 나누던 우리 사이
다시 볼 수 없는 그리운 사람

오늘 문득 생각나는 사람
가을비 내리는 산책길 우산 속에서
그냥 언뜻 떠오르는 작가였습니다

문장대 산상 결기

태초의 태양빛 달빛 바람 되어
별빛 운행에 태양 달과 개벽 되어
부처님 자비가 천하를 비춘다

간밤 운우지정 실려 온 결기
속리산 법주사 팔상전 돌고 돌다
문장대 정상 위 아롱진다

음양 조화 부처님께 알리니
대웅전 처마 끝 퍼지는 풍경 소리
법고 소리 범종 소리

중생 위한 다짐과 결기 맹세는
속리산 머무는 산새 소리 메아리 되니
법고 범종 독경 소리 중생 구하나

한 번쯤 보고픈 사람

아주 오랜 옛이야기
그때 눈 안에 들어왔었던 그 사람
아득히 멀어져 간 눈 안의 그 사람

생사 알 수 없지만
한 번쯤 보고 싶은 그때 그 여대생
남은 세월 가기 전 볼 수 있을까

멀고 먼 과거 속
흔적 없는 체취와 미소 자국
얕고 깊은 주름의 얼굴로

옛날 청순한 여대생 그녀
세월에 끌려온 여대생 모습이라면
너무 슬픈 마음 아닌가

팔불출은 진행 중

봄 여름 가을 겨울
4계절 돌며 인생 건 한판 도박
삶을 건 도박은 지금도 진행 중

낮 오면 뒤이어 밤 오고
태어나고 죽어 세상 떠나니
선택과 결정 못 하는 인간

성공도 실패도 저 할 탓
승자도 패자도 돌고 도는 인생
내 사랑 선택한 팔불출 인생

세월의 플랫폼

삼신께 기도하여
이생에 오고 요람 떠나 다짐한
희망 품은 파란 꿈 허사로다

파란만장한 파도를 넘고
세월의 궤적 따라간 광야의 거친 폭풍 견딘
망망대해 넘어선 세월의 아쉬움 품고

인고의 시간도 절로 가고
흰 구름 조각 서편에 돌고 도는 인간상
상실의 '깡 시장' 쌓여 가는 세월의 플랫폼

하늘이 화났나?

사람들 심성이 변하고 있다
어제, 오늘 그리고 내일도 변하는데
덩달아 세월도 빠르게 변한다

화난 하늘의 벌을 받고 있나
가뭄과 장마 폭염 열대야로 벌주는
계시대로 태풍 불어 정리하는 섭리

질병과 전염병 경고하고
금수강산 산하를 불태웠건만 아직도
아귀다툼 일삼는 민초들 처량하다

구름만 떠가도 비 온다 믿었던
광야의 열기 잡아주던 그 세월 아쉽다
세상도 미치고 모두 광란의 미친 세상

삶의 속도

하늘을 가르는 화살
비 오듯 쏟아지는 화살 속
달리는 투사의 반추된 삶이여

오늘도 내일도
작용과 반작용의 법칙처럼
쏜 화살처럼 가고 또 가는 세월도

군 생활 말년은 그리도 늦게 가더니
침상에 붙여 놓은 작은 달력
×로 하루하루 지우던 희망의 세월이었소

우리 삶은 모두 극과 극
정답이 없네

달무리

동그라미 그린 달무리
달빛 가린 빛바랜 둥근 저 달
신비스러운 달무리 지면

문설주 기대어 서
달무리 저편 못 이룬 사랑
아련한 그리움만 남아

보름달 뜨는 날
내 가슴 깊숙이 숨겨진 사랑
배꽃 한 송이로 피어날까

동그라미 그린 가슴속 달무리

가을 추억

언제나 그랬듯이
철새들 이별의 군무 춤사위 곱다
스산한 가을바람은 사랑 노래

찬란한 낙엽 춤추며 내 가슴
스며든 소중한 추억의 순간에서 영원으로
진정한 사랑의 흔적은 추억으로

서러움에 흐느끼는 세월의 작별
훈훈한 낙엽은 화려한 변신 파란 이별을
눈물의 플랫폼 당신은 인생의 꽃

삶의 미래 색채를 그리며
'마지막 잎새'처럼 달력 2장 남기고 떠난 세월
오직 눈동자에 한 점 새겨진 사랑의 여백

철새만도 못한 사랑

한 잎 두 잎 꽃잎 지듯
옛사랑도 낙엽 되어 멀어져 갑니다
그래도 향기는 아름답습니다

흐드러져 어우러진 사랑의 색깔
그 빛은 가슴 한쪽 옹이로 남았습니다
철새들처럼 향기롭습니다

소슬한 가을바람 불어오면
때로는 쓸쓸한 사랑도 지는 낙엽처럼
소중한 사랑 되어 눈물 묻지요

철새가 가는 것은
내년에 다시 오기 위하여 날아가지만
간 사랑은 만날 수 없어 눈물 나지요

능수버들

봄이 오면 실개천 양옆 늘어선
연초록 능수버들 보초를 선다

아기 손 꽃망울 싹틔우랴
실바람에 살랑살랑 춤추는 능수버들
봄바람 가지마다 여리고 강하게

한 해 농사 시작 알리는
넓은 논과 밭엔 농자천하지대본
능수버들 있어 금년 풍년이로다

위로 아래로 내 볼 스치는
실가지 줄기마다 망울진 꽃봉오리
능수버들 춤사위 속 봄날은 간다

살구꽃 피면

마음 깊은 가슴 정원
한구석 가라앉은 꽃사랑 전설은
가슴 시린 사랑 이야기

반세기 훨씬 전
돌담 안 홀로 선 살구나무 한 그루
곱게 핀 살구꽃 사랑 꽃씨 심고

고운 연분홍 살구꽃 필 때면
연분홍 꽃이파리 날갯짓 하나로
꽃향기 풍기며 농익고 있었지

동산에 달 뜨면 양지바른
시골길 연분홍 살구꽃 꽃비 내리는
고향 같은 마을에서 살고 싶어라

식장산 상봉에서

가랑비 순하게 내리던 날
식장산 최고봉에 오르다

옛날 삼국시대
백제의 최전방 군사 요충지 식장산
신라군 침입 막아내던 식장산

산 정상 아래 골 깊은 사이사이로
김 서림 모락모락 흰 구름 되어 깔리는
산 아래 대청호는 고요하고

한밭벌은 식장산 아래 품 넓은 도량
60년 걸려 상전벽해 이룩한 기상
식장산의 운치에 가슴 뛰누나

뜬구름 인생

아득한 날
별빛 따라 내려와 우리 삶의
역사가 시작된 전설

파란 물결 파도 넘어
어제도 오늘도 내일도 그냥 가는
방향키 존재조차 무의미한

밤하늘 밝히는 수많은 별 중
빛나는 별밤 그리움에 젖는다
내 별은 어디로 가는가

순간순간 쉼표 없어도
이제 와 돌아보니 삶 자체가 무위로
남긴 것 하나 없는 뜬구름 빈손

무창포 가을 향기

큰 새우 전어 따라 올라오는
서해안 무창포 포구엔
기적의 바닷길이 열린다

가랑비 내리는 무창포해수욕장
성경 말씀처럼 열리는 바닷길 따라
가을도 짙어가는 무창포 노을도 곱다

오묘하게 열리는 바닷길 걸으며
자연 섭리 고개 숙여 사랑의 맹세
깊어가는 무창포 해변의 사랑

가을빛 익어 가는 사랑 영원하리라
깊어가는 무창포 해변의 사랑

'찹쌀떡 사려'의 추억

늦은 저녁 집에 오는데
아이들이 '찰떡 아이스'를 먹고 있다

삭풍 불어 차가운 동지섣달
늦은 밤 꽁꽁 언 열 손가락 호호
불며 '찹쌀떡 사려' 외치던 소리
정겨운 메아리로 들린다

'찹쌀떡 사려' 외치던 소리 간 곳 없고
유행가 한 구절로 옛이야기 되었나

별도 달도 잠든 저녁에
새하얀 입김 뿜어내며
찹쌀떡 팔던 그 사람 어디서 늙어갈까

꽃무릇 손편지

꽃무릇 손편지
이건호 3시집

발 행 일 | 2025년 10월 28일
지 은 이 | 이건호
발 행 인 | 李憲錫
발 행 처 | 오늘의문학사
출판등록 | 제55호(1993년 6월 23일)
주   소 | 대전광역시 동구 대전로867번길 52(삼성동 한밭오피스텔 401호)
전화번호 | (042)624-2980
팩시밀리 | (042)628-2983
카   페 | http://cafe.daum.net/gljang(문학사랑 글짱들)
인터넷신문 | www.k-artnews.kr(한국예술뉴스)
전자우편 | hs2980@daum.net

공 급 처 | 한국출판협동조합
주문전화 | (02)716-5616
팩시밀리 | (02)716-2999

ISBN 979-11-6493-408-9
값 10,000원

ⓒ이건호 2025

* 이 책의 판권은 저작권자와 오늘의문학사에 있습니다.
* 이 책은 E-Book(전자책)으로 제작되어 ㈜교보문고에서 판매합니다.
* 잘못 만들어진 책은 구입하신 서점에서 교환해 드립니다.

* 본 도서는 한국예술인복지재단 지원 사업으로 제작되었습니다.